AF607167

INSECTARIO

JORGE FERNÁNDEZ GONZALO

INSECTARIO

Premio Juan Gil-Albert
XLII Premios Ciutat de València

VISOR LIBROS

VOLUMEN MCCXCV DE LA COLECCIÓN VISOR DE POESÍA

Un jurado presidido por Santiago Ballester Casabuena, y formado por Jesús García Sánchez, Elsa Moreno y Jaime Siles, acordó conceder el Premio Juan Gil-Albert de poesía en castellano, de los XLIII Premios Literarios Ciutat de València, a la obra *Insectario* de Jorge Fernández Gonzalo.

En coedición con

Cubierta: Jan Van Kessel el Viejo. *Insectos*, 1626-1679

Isaac Peral, 18 - 28015 Madrid
www.visor-libros.com

ISBN: 979-13-87745-95-0
Depósito Legal: M-27963-2025

Impreso en España - Printed in Spain
Gráficas Muriel. C/ Investigación, n.º 9. P. I. Los Olivos - 28906 Getafe (Madrid)

PRELUDIO

ANTENAS

PRINCIPIOS PARA UNA ENTOMOLOGÍA POÉTICA

Pasábamos las tardes mirando a los insectos
sin otra recompensa
que la contemplación de sus acciones:
el bullicio de hormigas,
el vuelo quebradizo de las moscas,
la fortaleza de los escarabajos
al arrastrar escombros por la arena…
Todo aquello era un juego, y lo sabíamos.
Sabíamos que ahí bullía un mundo
y que el tiempo frenaba su andadura
al rozar sus antenas o sus alas.

Podíamos dar nombres
que ningún diccionario registraba
a sus formas insólitas (como a los saltamontes
de ala azul —*Oedipoda caerulescens*—
a los que bautizamos *saltamontes-paloma*),
y ante las advertencias de no tocar los bichos
a veces sí tocábamos
y cazábamos moscas y lombrices,
zapateros, hormigas, bichos bola;
casi nunca tocábamos al negro escarabajo
por su similitud con cucarachas

y sobre todo, nunca,
bajo ningún concepto,
tocábamos las alas de alguna mariposa,
no fuera a ser que el tacto le quitara
el polvillo que hacía que volasen.

Hay insectos que moran en la hierba
junto a otros nacidos del insomnio,
de la vigilia unánime de la flor de linaza,
de los hibiscos o de los alhelíes;
insectos que surcaron praderas antiquísimas
para encontrar un cuerpo y afincarse
en las orillas de la realidad.
No pudieron lograrlo, sin embargo.
Criaturas tejidas en sueños invisibles,
decidieron, entonces,
habitar en las tardes imprecisas de enero,
en recuerdos varados de mi infancia,
en las encrucijadas del olvido.

Sé que en algún lugar de la memoria
llueven insectos de no sé qué cosecha,
delgados unos como el azafrán
y otros espesos y voraces;
algunos no tuvieron nunca un nombre
pero me acompañaron desde siempre.
Los sentía en las manos, escondidos
entre las azaleas o en las playas
(el mar es cementerio de libélulas),
y desde entonces siguen a mi lado,

insectos que yo invento y que me inventan
maneras de sentir, rutas de fuga
por auroras sin tiempo. Voy con ellos,
con su mística y fábula de vuelo
al deslizarse entre los transeúntes.
Yo voy con ellos y ellos van conmigo.
Todos aquellos bichos
forjaron, sin saberlo, mi niñez,
mi inclinación a la curiosidad;
todos ellos hicieron, sin quererlo,
más reciente la vida,
más necesarios los recuerdos.

SECCIÓN I

CABEZA

I

Hay animales húmedos que habitaron la aurora.
Insectos cuya pureza herbácea y alas temerosas
avanzaban con pasos insonoros
por días sin memoria, por el reguero inaccesible
de nuestros dedos como árboles precisos,
insectos que mostraban el candor del invierno,
pero también los ríos vivaces del verano.

Las puertas de aquel tiempo están cerradas.
Es momento de abrirlas.

II

Todo insecto es sagrado. Apenas una humedad en el vacío, la cicatriz de sus arcanos reducida al peso de una hoja de acacia. Apenas un incendio: su escurridizo cuerpo arde en el lenguaje, escalda la existencia. El ser de los insectos sobreviene a su sombra. Ojalá pulsar las sílabas de la palabra insecto y conocer los ritos del deshielo, el crujido en la rama quebradiza, el sentido de nubes de estorninos. Ojalá comprender en sus segmentos la pureza del cosmos, las galaxias de aquello que perdimos. Ahí donde está el insecto está el enigma: lo cóncavo del hueco, la saciedad del margen. Todo en ellos detiene la impaciencia: los pájaros no cantan cuando chirría la cigarra. El mundo se contiene, se resguarda en su centro. La tarde reconoce el zumbido profano de la abeja. La noche espera el canto de los grillos.

Los insectos devoran la existencia, pequeñas conjeturas de un paisaje sin mácula.

Los insectos, que fueron recordatorios diminutos
de que el mundo había existido desde siempre.

III

Trepábamos entonces al árbol de morera como quien accediera a una música solemne. Para alimentar a los gusanos de seda era necesaria una pureza que nunca más volvimos a sentir: tocar las hojas con las manos desnudas, arrancar los peciolos y notar su frescura vulnerada, la savia chorreando en nuestros dedos. Pese a todo, era un desgarro luminoso. El musgo poblaba las paredes de una casa contigua a medio demoler, a pocos metros del árbol de morera: celebrábamos tan inocentemente las cosas derruidas... Todo aquello que no fuera de nadie, en cierto modo nos pertenecía. No sabíamos, entonces, que lo más nuestro era la inocencia, que la única posesión que vibraba al contacto de la savia sería nuestra infancia.

Al marcharnos, nuestro entusiasmo ingenuo se dispersaba entre las ruinas.

IV

He sido en cosas insignificantes como los insectos
o la nieve.
Existí en el vuelo milenario del águila
pero también en sus derrotas y su olvido.
Existí en las virutas
que roen la carcoma y otros seres xilófagos
y en el modo impreciso
con que la luz refulge en los *Pyrophorus.*

Dejad que todos mis pedazos
encuentren su unidad en lo disperso,
que el hallazgo de un cuerpo (si es que existen los cuerpos)
y que la vida se desplomen
sin saber qué me arranca la poesía,
qué sonido lejano de cigarras
resuena en lo que aún no ha sucedido.

V

Fui niño en los jardines rodeados de herrumbre y catarinas.

Cómo no recordar los contrastes cromáticos
y su belleza indiferente:
el verde tamizado del hinojo.
La mancha roja de las catarinas.
El amarillo de mi soledad.

VI

El dolor era entonces amarillo.
No el amarillo pálido y armónico de las hojas de eneldo
mordidas por el viento en las tardes de marzo
sino de mariposas inducidas a la tortura de los óxidos,
a la voracidad de los metales y dalias impensadas;
un dolor como arena que podría arrastrarse hasta las grietas
de las casas,
introducirse en la memoria y sus calvarios, abrirse paso
hacia el centro de la piedra.

Mi dolor atravesado de larvas amarillas.

VII

Hay insectos que escapan a la vista, diminutos artrópodos
sin sombra,
porque en lo efímero no hay desdoblamientos.

Toda repetición hace de lo bello
una herida sangrante.

VIII

Mi llanto son insectos. Mi tristeza se ha enquistado en la corteza de los árboles, en sus ramas de aliento intraducible. Sufrir es una plaga de termitas que recorre mi cuerpo, animales ocultándose en el rincón más humillante de mí mismo, donde arde el salitre del deseo.

El tiempo de los pájaros errantes ha llegado. El de las tardes de flores incendiadas, el de los bisturíes que seccionan la dermis.

El dolor es un párpado.
Mi llanto son insectos y mi sombra se pierde en las profundidades de la hierba.

De mi sombra picotearán los colibríes
como si se arrojaran hasta un charco pastoso.

IX

Hemos atravesado juntos el puente y su camino de hojas
embarradas.
El río y su mandíbula verde, como chicharras y pulgones,
han engullido delicadamente nuestra desolación.

X

Yo también fui araña, fui una gota de lluvia, fui un aleteo
sordo de mosquito.
Caminé por el vértigo de savia que da nombre a los árboles.

En mi trayecto, creció musgo por los desaguaderos.

No celebré la luz ni di su forma al agua. Me cansé pronto
de la exactitud de las palabras y sus conjuros esenciales.
Fui sin embargo ala, avispa, rododendro.
El tiempo perdonó la piedra del lenguaje.

Todo lugar es pérdida,
pero yo fui feliz en su memoria.

XI

Allá, en los barrancales,
la muerte es un lenguaje poblado de libélulas,
pero también un ala que recuerda
que la vida es un salto hacia la muerte.

XII

El camino que lleva a los nogales blancos
se ha llenado de hormigas y promesas.
No mires hacia abajo desde el puente.
Dame la mano. Ven.
Nadie ha tocado antes el paisaje.

XIII

Un pensamiento de insectos resguardados bajo las hojas y
los juncos.
Un pensamiento que se escabullera
entre los hilos de la luz.

Y que no ocurra nada. El vuelo de un mosquito de la fruta
o acaso la carrera de los peces de plata
entre los azulejos. Nada más.

Qué luminosidad en lo acabado.
Qué trascendencia de lo ínfimo.

Cuando nada ha ocurrido, solo entonces,
el instante se ensancha y se hace eterno.

XIV

Mira las moscas y su insignificancia.
En su aleteo irisan los sentidos perdidos de la tarde,
las significaciones de ceniza.

Al otro lado de los continentes su vuelo es mensajero de
la muerte.

A todos esos niños que agonizáis en la memoria de las dunas,
tomad:
os regalamos nuestros dípteros hastíos.

XV

Imagino la muerte como un inmenso hormiguero que
creciera en mis entrañas.

Mi cuerpo se abriría en galerías terrosas, por túneles de
pétalos crujientes, compartimentos de despojos y hojas
carcomidas
con las que proteger los huevos y las larvas.

Pienso en el goce de romper mis simetrías ante el trasiego
de insectos desatados. En cómo sus mandíbulas calientes
devorarían mis restos en un goteo diminuto de saliva
y asombro.

Morir así, atravesado por hormigas.

No ser un río o árbol, no ser la roca que destruye con su peso
cada silencio líquido del bosque.
Simplemente agujero, ser raíces,
paso obligado para la marabunta,
morir-ser-hormiguero,
versión intraducible de mí mismo.

XVI

Insistir en el cuerpo para sentirlo propio. Insistir en las manos, en cómo las arterias desatan un camino de ciempiés a la fuga, en los dedos que palpan universos, en las huellas que escriben los secretos azules de los zánganos. Insistir en la piel, que es litoral, y traza el recorrido hacia otros cuerpos; insistir en la boca y en el pecho, en los pulmones que desatan un milagro de insectos devorándome con cada bocanada. Lo árido del tacto, lo íntimo del pulso, el vértigo de no saber qué es una vida: todo bulle en mi cuerpo y hay abrojos de ser que me contienen. Escribir para dejar de ser, para *dejar el ser*: borrarme en los espejos de la página. La palabra es así metamorfosis y escribir es crisálida (¿de qué cuerpo poético?). Mi voz transforma el cuerpo porque el cuerpo es lenguaje: por eso quise traducirlo a toda costa. Por eso el alfabeto de himenópteros, la sintaxis de ortópteros en vuelo, el salto del hemíptero como espuelas del tacto. Tocar es un insecto. Sentir es un insecto. Insistir en el cuerpo como entomología del asombro.

XVII

Oigo crecer la hierba ante mis pies. Su lentitud es musical, su crecimiento es dádiva y milagro. Ahora conozco cómo los insectos celebran la espesura de la hierba, cantan la incertidumbre de su savia, su rumor, su oleaje entrecortado. Ahora conozco las concavidades de la rama del alerce, el pulso leve de los gorriones cuando la brisa escribe sus secretos. Inmensidades de la hierba, revelaciones de la savia: el mundo me convoca y la hierba es su idioma, y los insectos sílabas que nombran, que certifican el paisaje. No hay más verdad que esta. No hay más idioma que el zumbido de los tábanos.

Mira la hierba. Sus tallos como agujas.
Ojalá se pudiera remendar con ellas
las partes desgarradas de mi cuerpo.

XVIII

No podemos llegar al centro de la piedra, a la verdad acuosa del bejuco, a la flor del gladiolo imperturbable. ¿Y para qué seguir nuestro camino? El día se alza entre los ruidos de los pájaros, y la verdad no duele. Ya nada importa ahora. Iba buscándome entre los hilos de la luz, en las briznas del día que atraviesan las hojas de los cedros, diminutas agujas que ensartan el camino. Pero ya nada importa: no hay destino. Estoy cansado y busco en qué sentarme. Quizá un tocón, o la espesura de la hierba. Nada he de lamentar en la humedad legítima del bosque: atrás dejé el relente de la noche, los recuerdos de días derrotados.

Me siento sobre grama y de repente veo a las hormigas. Miro cómo rodean el tronco de los árboles, cómo intentan alzar la vista hacia lo inmenso de las hojas quemadas por el día.

Para ellas, me digo,
el árbol es su eternidad.

XIX

Pronto olvidaré mi cuerpo.

Pequeñas mariposas lo componen. Pequeñas como flores,
minúsculos racimos de alas que maliciosamente hilvanan
una entomología de incertezas,
mariposas-mentiras
que a menudo equivocan su camino para ir a parar a las
entrañas de un perro atropellado o de pájaros muertos

como tuercas que quisieran cerrar el amasijo de vísceras,

el cableado de los intestinos, los ciegos circuitos de la bilis,
la carcasa sangrante
para que el perro logre andar y otra vez perseguirlas entre
ladridos transparentes,

mariposas que pretendieran ensartar a los seres, enhebrar
los errores del mundo
como finas agujas que se aniquilaran

en las heridas y en la herrumbre
de este cuerpo que ahora
entrego a la intemperie

para que se deshaga en miles de mariposas tubulares.

XX

Ser lentamente insecto.

Que mis arterias se traduzcan en la saliva fresca de los grillos, en un temblor de mantis, en alhelíes plagados de parásitos. Quién necesita conocer el sentido de la flor de araucaria o saber los secretos con que nombrar la noche, con que decir palabras como *helecho*, *simiente*, *siempreviva*. Me basta con dejar que el cauce de mis venas se convierta en ciempiés o escarabajos, que en mi esófago habite su alegría terrestre, escurridiza. Obtener así un júbilo larvario, un goce de crisálida que vence al corazón del frío cuando abril desata sus insomnios voraces. Mira cómo en sus grietas, en la oquedad lasciva de las flores de espliego y la madrépora, habita una verdad de abejas o pulgones, una certeza de lombrices enroscándose entre las madrigueras de mi pensamiento. Ser lentamente insecto, ser artrópodo, morar bajo la sombra del sentido y celebrar la muerte en forma de cochinilla o de guijarro.

Dejad que el mes de abril mastique mi tristeza:
solo aquel que consiente la sombra de los álamos
conocerá su polen deslumbrante.

INTERLUDIO I
ALAS ANTERIORES

POEMAS DE LA NIÑA INSECTO

I

La tarde retumba entre los árboles. La flor de mis sentidos
se adentra por lo oscuro
de un racimo de espigas. Es enero.

Miro la nieve y su blancura.
En ella crecen grietas insondables,
fallas inmarcesibles, animales
en estado larvario
atrapados en la inexistencia.

Yo
solo quiero saber dónde está mi cuerpo.

II

La memoria es dolor y en el estanque hay peces.

El dolor era un bulto, un cuerpo en medio de la oscuridad, un mueble con el que siempre acabas por chocarte. Al tratar de abrazarlo, se deshacía en hormigas y otros insectos sin sentido. Pero el dolor permanecía ahí, volvía a aparecer, y me acechaba. El dolor era una bestia apacible, el pensamiento de una encina incandescente.

La memoria es dolor y en el instante hay peces.

III

En el instante hay peces. Hay escorpiones de agua y hay efímeras: insectos como gotas, dardos fugaces que anunciaran la duda. La duda de si es cierto que los cuerpos existen. La duda de si el cuerpo en el que exhalo mis lamentos es en verdad un cuerpo o solo un envoltorio de incertezas. La duda de cómo aferrarme a los campos semánticos del tacto, de mi piel, genealogías que descifren mi carne o que la quiebren. La duda de ser cuerpo o ser herida. La duda de si existen las cosas de este mundo, o si solo hay insectos y yo soy la niña insecto, solo la niña insecto entre todas las cosas importantes… Si soy el hueco que descifra la luz o que la vierte, si soy la voz que habla o la que calla, si por mis venas surgen ácaros y hormigas o si tan solo soy la sombra que no ha encontrado un cuerpo, acostumbrada a simular la vida en tantas cosas que no me pertenecen, mientras la noche y el silencio delatan al unísono el gran secreto de lo perecedero.

IV

¿Quién soy yo? Me pregunto.
Soy la niebla.
Un enjambre de abejas.
Conchas desperdigadas por la orilla
o crustáceos sin cáscara.

Ojalá tener cuerpo
para arrastrarlo luego hacia la espuma.

V

Soy el pelaje de los mamíferos febriles,
soy la pupila ciega de los peces abisales,
soy la brisa, y me caigo,
soy la ceniza, el semen,
el estertor fatal del moribundo acosado por los moscardones,
soy la verdad que habita en lo prohibido,
soy el linfoma de Burkitt asociado a las infecciones producidas por el virus Epstein-Barr,
soy el útero de la cierva embarazada que retumba en un quejido en mitad de la noche,
soy la pezuña de los minotauros,
el álabe del roble que no pudo resistir los golpes de la lluvia,
soy las extremaunciones hechas con sangre de cigarras,
soy el paisaje de cuando te marchas, cuando dejas trigales de deseo en mis dedos,
pero no soy mi cuerpo;

yo soy la herida, soy la cicatriz,
yo soy la niña insecto.

Pisoteadme.

SECCIÓN II
TÓRAX

I

El latir de tu pecho era capaz de provocar catástrofes. Quizá por eso te amé todo ese tiempo con una intensidad sin magnitudes. Porque podías bañarte, indiferente, en el corazón incauto de tus presas. Sin ningún miramiento, apresabas a un ángel y lo zarandeabas de las alas como a un insecto amaestrado. Todo era insignificante porque tú significabas todo: los animales invisibles de la tarde, las semillas nocturnas de la desesperanza, las humedades que se expanden en la pared de la locura. Por eso escribiste nuestro amor a dentelladas, con el deseo de una flor azul. Fuimos impuros como larvas. Fuimos amantes en la ternura de la abeja. Tu lascivia llegaría a convertirse en una herida, en mi herida, aunque eso no importaba. Yo degustaba cómo hundías en mí tus dedos vegetales sin saber dónde acababa mi dolor.

II

A veces yo también te amé con el amor letal de los parásitos.
He crecido en tu cuerpo, he sido parte de tu axila o de tu vientre, he dormido en tu piel bajo el ensueño de los líquenes. Cómo ser flor o pájaro, me digo. Cómo amarte en el ansia de los lirios, en la voracidad de las alondras.
Pero yo fui clepsidras en tu pubis, pasajero del tiempo que nos queda, sarna que roe la raíz de tu olvido.
Bebí tu eternidad como quien bebe sangre. Te inoculé el relente de jardines plagados de pulgones, la duermevela de los estorninos que quisieron cazar nuestros instantes.
Fui langostas, ácaros o chinches
que recorrían con fruición tus hombros,
y tú fuiste la hoja de plantas trepadoras
cuya savia libé por recompensa.

Cuánta hondura y cuánta levedad en nuestros besos insectívoros, en las caricias como saltamontes.

Bebí tu eternidad y en ella, de sus ruinas,
nació el boscaje de un amor impuro.

III

Llueve. Llueve sobre tu cuerpo con un ansia milenaria de luciérnagas. Llueve como si el día quisiera deshacerse por tu espalda, desvanecerse ante tus hombros. Así, desdibujada, pincelando muy tímida tu pelo, la lluvia te acaricia y casi te percute, te puebla con su música sagrada. Ya sé que no hay secretos. Que la música es lluvia y que sus gotas recorren lentamente tus perfiles mojados. Sé que todo es sencillo, pero duele. Duele ser incapaz de darle el nombre exacto a este espectáculo de lluvia. No tener los morfemas, la gramática, con las que dar sentido al aire entreverado por los chopos, o a tu cabello y sus taxonomías de nombres vegetales. En cierto modo, solo otorgamos un significado a lo que no ha llegado a sucederse. Pero tú estás aquí, frente a mis ojos, mojada como un pájaro, mojada como un ala de libélula, y entonces yo quisiera encontrar la sintaxis, arrebatar al hueco del silencio unas migajas de certeza, el señuelo que falta, lo impensable del día, para decirte aquí, nombrarte en las palabras, oscuras mariposas que no llegaron a nacer, pero que de repente revolotearon

aquí, sobre tus hombros,
cómplices de tu cuerpo y de la lluvia.

IV

Que el amor nos destruya en el hueco de la abeja,
entre las cavidades de la espiga,
y marzo, en sus mañanas humedísimas,
nos encuentre en la luz descuartizados.

¿Qué franja hay de la emoción a la ceniza?

La putrefacción del pensamiento es solo este trazado de
   himenópteros,
una entomología de renuncias
que las palabras dejan tras tu marcha.

V

Había hormigas que me separaban de mi cuerpo. Siempre habitaron ahí, en ese hueco mortecino, apenas perceptible, que no logré reconocer ante el espejo. Mi cuerpo parecía ser yo, pero en realidad eran las hormigas las que trabajaban sin descanso por simular una emoción, el cosquilleo de la niebla, vértigos de todos los placeres. Podía tocarte y ellas permanecían ahí, mordisqueando los músculos, la hipodermis, recorriendo los nervios con su rastro invisible. Creía oler un mundo y habitar en sus recuerdos, pero eran los insectos quienes atravesaban mis glándulas, segregaban los flujos hormonales, confundían pacientemente mis sentidos.

Mi cuerpo siempre fue un festín para sus larvas, las cuales se alimentaban de todo lo que yo trataba de sentir. Anidaron en el modo que tenía de amarte, en las caricias que te hacía con palabras que buscaban volar como vencejos, aunque solo se tratase de ellas, de las hormigas y su voracidad, de su expansión herbácea.

Aún hoy puedo sentir cómo devoran la hiedra azul de nuestros besos.

VI

He intentado cazar los grillos invisibles que cantan en la oscuridad de tu cuerpo y el mío.
Cuando estaba a punto de apresarlos
su afonía se abría hacia la noche.

También así dos cuerpos se descubren
en la complicidad de sus silencios.

VII

En la saliva de las cucarachas, en el pulso
interminable de la oruga
se celebra tu nombre.

Las sílabas acuosas que atraviesan los pastos
se han convertido en signos de sorpresa.

VIII

Bebo de la polilla oscura de tu cuerpo, de las irisaciones de tiniebla que se derraman por tu vientre. Cuánta noche en tu piel, cuántas anémonas y huellas de tortuga. Te beso, y una miel dulce y amarilla se aloja en mi garganta. Te acaricio y descubro el porvenir de las crisálidas, un lenguaje de flor de crisantemos. Te abrazo y somos un enjambre, y la noche se vuelve repetida. Ya no nos queda otra que acecharnos, en una cacería interminable de insectos, hasta que nuestra boca sea el polen de una nueva familia de liliáceas. Te amo, y hay peces sin sentido y requiebros de luna.

Hemos lavado las heridas en el olor a salvia que nace en nuestro anhelo. Después, muy quietamente, nos sumergimos en las densidades de la palabra *albatros*, en el círculo alado que trazan los halcones, en el color rojizo del hibisco.

No ocurre nada. Solo el amor que celebramos torpemente.

Somos la eternidad de esta brizna de hierba en donde los insectos sueñan con estrellas.

IX

Pero llegó por fin la edad de las chicharras,
el mediodía de los crisantemos.

Tu cuerpo era mi cuerpo y encontramos maneras
de dar nombre a la noche,
de besarnos la espalda como arañas,
de recorrer el vello y habitarnos
en el ombligo como en hormigueros
en donde la mañana
se alargaba, indecisa,
improvisando dónde guarecernos.

Tu cuerpo es un incendio dentro de mi cuerpo.

X

Había una lentitud de hojas de cerezo en aquella tarde
mortecina.
Una lentitud de aves sin destino, como si el mundo no
supiera a dónde ir.
Que tu asombro sean los insectos, te susurré al oído.
Que la oruga devore los vasos capilares
de tu perplejidad.

Los insectos no dejan memoria en los paisajes: por eso es
necesario destruirse en su sombra,
amar como si el tiempo no fuera a repetirse.

XI

He creado la palabra *aún* al contemplar las larvas de lo inacabado.
El *aún* de tu cuerpo que resuena en el corazón cansado de los bueyes.
El *aún* de los pétalos del diente de león, que esperan descifrarse con el viento.
El *aún* del vuelo del vencejo, que no conoce otra superficie
que la luz acechándole las alas.

La luz como riadas de insectos invisibles.
La luz, que engendra siempre dos seres bifurcados
como somos tú y yo, sin poder distinguir sombra de cuerpo.

El *aún* incesante en el que nos borramos mutuamente
al no tener palabras.

Crece la salicaria en mis caricias.

XII

Tu cuerpo era una combustión de insectos, mariposas monarca que migraban al norte de la dicha. Pienso en tu voz, en la noche de zarzas sigilosas que recorre tu espalda, en cómo traducir tus hormigueros y senos de moluscos a los lenguajes de la hierba fresca. Quiero decirte y solo hallo la espuma, solo encuentro el clamor de las cigarras, el zumbido preciso de la avispa. Y entonces me aseguro de decirte en su vuelo, de recorrer tu cuerpo con orugas, comprender tus cabellos de crisálidas, sentirte como polen o semillas. Así, sin más derrotas, beberé del rocío prohibido de tu vientre, aplacaré mi sed sobre tus muslos, nadaré por tus ríos como insectos acuáticos.

Libar la flor del labio
hecho ya de azucenas oportunas.

XIII

El mosquito y su sombra,
la lavanda y su nombre,
el silencio y tu labio
son para mí dos formas de una misma sustancia.

XIV

Acaso habíamos sido convocados por el sueño infinito de los chinches de agua. En sus quimeras encontramos la felicidad ingenua de la hoja amarilla del enebro, la rotación infinita de los astros, las breves alucinaciones con que las golondrinas huyen de los lobos. Cómo no ser felices aquí, juntos, ensimismados en el deseo acuático de los insectos transparentes. Cómo no descubrir una verdad escrita en su picada, la lucidez de ríos desollados.

Hicimos el amor desordenadamente
en la violencia de sus pensamientos.

XV

He amado el hueco de tu falta como el imago anhela su crisálida. He recorrido el pasmo de la niebla, deflagraciones cósmicas de insectos que me ofrecían la certeza de las cosas. He bebido del fruto del naranjo poblándote de luz. He navegado por tu vientre y tus costillas, y combatido el vuelo oscuro de los cormoranes. Rastreé cada ruta que me llevaba a ti, dormí a la intemperie ante tu torso, arrebaté los peces que nadaban bajo tu desaliento, todo por pretender escapar de mí mismo. Pero de pronto tú alzaste la mirada, tus ojos como dos diminutos arrendajos, y no hubo más sentido, más significación para la aurora que tu cuerpo espeso y llameante.

Me convertí en artrópodo para tus párpados
y la tarde borró su incertidumbre.

XVI

Quise amar de ti lo vulnerable, lo que temblaba como un mirlo en tu corazón arborescente. No me salvéis, dijiste, aunque ya fuera tarde. Yo fui un animal ardiendo en tu deseo, una luciérnaga incendiándote en las noches de escarcha. Cómo no iba a salvar tu cuerpo de alhelíes, las formas imposibles que trazaba tu pelo en los estanques. Cómo no contener la lluvia que humedece tus pisadas. Cómo no liberar a los asustadizos gorriones de tus bosques oscuros. Habitaré en tu corazón como una dulce larva, si así he de salvarte. Haré mi madriguera en tu tristeza, descubriré los velos de la niebla y los cardúmenes de peces angustiados. Las crías de carcoma perforan la madera, anidan en el centro de los árboles: así yo asaltaré tu pesadumbre. No me salvéis, dijiste. Oye ahora mi amor roer pesadamente la corteza de tu abatimiento.

XVII

Descubro la raíz indiferente de tus sueños. Hay insectos en la felicidad que hemos levantado bajo la sombra de la enredadera. Así, juntos los dos, nos hicimos un cuerpo en el parasitismo: ser en la decadencia del abrazo, en la flor que germina dentro del corazón de las libélulas, tú y yo sin el desglose de los números. Me basta así, dijiste. Para qué los desvanes habitados por ardillas, para qué las miradas esquivas de los ciervos. Me basta así. Es todo.

Tus palabras se hundieron en las alas oscuras de las aves.

XVIII

En nuestro amor los lepidópteros se calcinaron como una lluvia de pequeñas llamas jubilosas. Pude escribir en tu cabello las brasas de su vuelo, su negación del musgo y las encinas, el viaje migratorio de la polilla negra y de las mariposas atalanta. El amor era preciso entonces. Exacto como el camuflaje de los insectos hoja o las mantis orquídea, confundiéndonos con el paso del tiempo y los otoños. Nos destruimos junto a las adelfas: el tiempo era un enjambre. Por ello abrimos lentamente la flor de nuestros cuerpos a sus meticulosas libaciones. Abocados al paso de los días, hicimos el amor en sus espumas.

Qué extraña técnica de mimetismo: amarnos a través de las edades, ser uno con la rama sigilosa del tiempo, vivir eternamente en su transcurso de escarcha.

XIX

He amanecido roto por tu piel, desgastado en tus uñas y en tu abdomen, enmohecido bajo las vides de tus párpados: tu mirada ha sido mi exterminio, la destrucción de aquellos pececillos de plata con los que quise escarbar en mis oscuridades. Ah la dulce belleza de los élitros, de las defecaciones de colémbolos. Pero yo soy más grande que mi herida y por eso habito en el hueco de aspidistras que dejan tus silencios, en lo indeciso de ser alondra o rododendro, mariposa de luz o ácaro en tu piel. Porque tu piel es resultado de la tristeza de las nieves y tu felicidad del polen y la avispa. Porque todos tus sueños se extravían en sílabas de insecto, en una geometría de moscas extinguidas que te nacen al borde. La pureza del borde, me repito. La pureza que aún no significa, que no conoce el golpe que fractura la rama, en donde inmolaremos nuestras manos ante el desorden de la dicha.

XX

Cuando llegaron los gorgojos, los paquetes de arroz, la harina, el pan rallado… todo tuvimos que tirarlo. Los insectos habían acampado a sus anchas por las alacenas, como si de algún modo la casa padeciera una terrible enfermedad. No tardé en comprender lo que pasaba: el mundo en que morábamos se había hecho añicos, nuestro olvido lo había resquebrajado, y de sus grietas emergían insectos ocultos en los muebles. Habíamos olvidado quiénes fuimos, quiénes queríamos ser, cómo el olor de la cereza podía sorprendernos en mitad de la noche, cómo reconocer nuestros silencios, los mensajes secretos del susurro. Bastaba una mirada, entonces, para que hubiera hierba en nuestros besos. Una caricia y nuestros cuerpos eran ya zorzales. Por eso decidimos cambiar todo de sitio: recompusimos nuestro amor en otras alacenas, cambiamos nuestras fotos, desamueblamos nuestra indiferencia, aprendimos a amar de otra manera. Estos insectos no podrán conmigo, me dijiste. Y emprendimos un camino nuevo, por unas alamedas diferentes, pero que recorremos de la mano, igual, exactamente igual, que aquel entonces.

INTERLUDIO II
ALAS POSTERIORES

EL HIJO

I

Tras saber que nacería nuestro hijo
las hormigas aladas aparecieron en mi alféizar.
Ocurrió poco después de los latidos iniciales.

De tus transformaciones también surgen hormigas.

II

Crecías en las habitaciones del rocío
de noches sin estrellas y blancos pensamientos.
Pensamientos hechos de caleidoscópicos gusanos de seda:
provenías de la inexistencia, de oscuridades de crisálida y
    un eco de caballos sin bramido
y despertaste al éxtasis de las sabinas.

III

Has llegado a la vida: bienvenido.
Has llegado como un ala de libélula, golpeando la luz,
    batiendo el aire,

sin nombres con que decir el hueco que se abre entre dos
cuerpos,
la sombra del espliego o de la hiedra
fundidas en el ámbar de los seres.

IV

Hijo mío: mira las luciérnagas.
Búscalas con paciencia por la noche.
Sigue el sendero de las golondrinas
hasta que des con ellas (esto
es la vida, sin más).

Para el insecto de agua la lentitud es el arroyo.
Para el grillo es música la oxidación de los metales.
La verdad está al borde de tus dedos diminutos,
en barrancos de aliagas y de helechos.

Busca tan solo las luciérnagas.
Busca el sentido de la vida
en la sombra del grajo repitiéndose,
en la hierba que crece entre baldosas,
en lo que yergue, unánime,
la resina del mundo.

Has abierto una puerta a lo desconocido
que cruzaremos juntos, de la mano.

Busca tan solo, hijo, las luciérnagas.

SECCIÓN III
ABDOMEN

I

Cuando la larva muerde la hoja azul de las acacias
sabe que el bosque sigue su camino,
que la vida dilata sus círculos concéntricos.
No hay retroceso en el reloj nudoso de los días.

Cuando la larva muerde, las hojas ya bebieron la claridad
del día.
Probaron los insectos transparentes que habitan en sus
haces.
Oleadas de seres intangibles
en una inexistencia luminosa.

Cuando la larva muerde el círculo se cierra
y hay luz en los instantes.

II

Las palabras estaban hechas de insectos y miriápodos. En el hueco de lo absoluto crecían sus lexemas: minúsculas patitas o tricomas expedidos por las procesionarias.

Hay jirones de nube en el crepúsculo que parecieran escribir los destinos del suicida.
Mientras tanto, el lenguaje desata sus artrópodos. Hablar es aprender la simbiosis del ácaro y la voz.

He creado el olvido para beber las ramas de la higuera, para estar desnudo ante las puertas del silencio.
He creado el poema y hay hormigas que corren por sus versos; la mosca blanca de los invernaderos descansa en el envés de cada página.
Su polvillo céreo trata de adentrarse en los huecos de lo que no llegué a escribirte.
Observo cómo los insectos defecan ordenadamente ahí,
en los gloriosos márgenes de las significaciones.

III

Hemos roto las cosas. Hemos quebrado su cristalería, la vidriera de seres en el pórtico azul de los paisajes. No debimos nombrar la corza o la libélula, los lepidópteros o el ánade. Desgajamos el alba en seres imprecisos, pues el lenguaje es una flor sedienta. Y, sin embargo, no supimos dar nombre al modo en que la aurora se diluía en las montañas, cómo la abeja azul poliniza la noche. La palabra es una herida contra el mundo, la picadura de los tábanos felices.

IV

Trato de traducir este paisaje,
pero estoy indefenso: me faltan las palabras.

La lentitud, ¿de qué insecto es la huella?
¿Qué epifanía roen las termitas?
¿Cómo nombrar las gestas implacables de grillos?

Aguardo mudo ante las revelaciones.
Mudo ante la carcoma y sus mensajes
que preludian la muerte de las jaras.
Un ángulo de luz que desfallece,
la hoja salpicada de rocío,
¿de qué pasmo son signos? ¿Qué milagro
me dejan los bancales de manzanos
para al fin conjugar nuestros insectos?
No tengo ya palabras. Sin embargo
hay lenguaje en el rastro de la hormiga,
velocidad de hallazgo en la libélula.
¿Cómo decir el mundo con sus élitros?

Solo podré nombrarte
en los insectos ciegos de la noche,
insectos nunca vistos que atesoran
la pulpa de la dicha, que conocen

cuán fértil es la podredumbre
de alboradas cuajadas de cadáveres.

Mi palabra profana lo invisible,
por eso he de decir con mis insectos
los panales secretos de tu ausencia.

V

Entró en ti una claridad de escarabajos acuáticos y flores de diciembre.

Una claridad repleta de pájaros voraces, de raíces secretas, de jazmines en plena floración.

Era la miel de la locura.
Era el delirio de la luz que estallaba por tu piel, que te envolvía como erizos ateridos
ante el frío rugoso
de los amaneceres.

Ah la alegría y su milagro líquido
en mi embriaguez de escarabajos luminosos.

VI

He conocido los lenguajes de la acacia,
la floración temible de flores de coral,
de las zinnias que espantan a los ciervos.

Sé de la mística de los miriápodos y liendres. Del estertor que
expelen los mosquitos ante el incendio de los albañales.
Ah claridad que busca velozmente
una forma en la que disiparse,
un cadáver de insecto en que mostrar su hallazgo.

VII

La pureza me oculta
los argumentos de la noche,
la promesa del ácaro o el vuelo de los dípteros.
Solo hay revelación en lo que oculta,
dices. Solo es verdad la máscara.
Nunca descifrarás el cielo invertebrado
con la palabra que abre claridades,
aunque puedas, a cambio,
vivir la epifanía del insecto.

VIII

La claridad de los erizos avanzaba en el valle.
Despertaron, primero, los mosquitos.
Después la luz amamantó a los pájaros.

Mira al zorzal, cómo se escabulle
con fragmentos de luz entre las plumas,

y allá unos estorninos se enroscan por el aire
en sus juegos triviales e inocentes.

Después tiene lugar la cacería:
atrapar el secreto del insecto,
los juegos de la luz,
su refracción mortal sobre los élitros
en cada bocanada de mosquitos;

Entonces, me pregunto:
el pájaro insectívoro, ¿no devora el idioma de la luz?

IX

Lo intraducible de estas ramas de cerezo como afirmación
de los cerezos.
Lo intraducible de la luz abatida por los campos de trigo
como certeza de su pan caliente.
El cauce de incoherencia como escotoma del lenguaje,
insectos que surcaran lo indecible,
agujeros de un texto o huecos habitados por carcoma.

X

Caminaba descalzo por la hierba mientras los saltamontes
y los coleópteros huían a mi paso.
Quise escribir el mundo y dejar un legado de palabras.
Cuando intenté nombrarlos, los insectos huyeron hasta
esconderse en el perfil musgoso de los árboles.
En sus silencios estudia la amapola el modo de eludir las
palabras del mundo.
Mi sombra acabó por confundirse en sus vacíos:
aprendí así el secreto de los escarabajos.

XI

El misterio del mundo es esta oruga.
Mira la larva, el modo de arquearse,
su silencio de nieve
(que es propiedad de lo indecible),
¿no es el lenguaje de las cosas?
Cuando su cuerpo gira, ¿qué cosmos se suceden,
qué luz quiebra su paso para verterse en sombra?
Las orugas habitan la existencia,
roen sus hojas malvas, decididas,
con una lentitud de asombros geológicos.
El todo cabe aquí, bajo su mordedura,
en la hoja raída de morera,
en la devastación de las raíces.
El todo en esta oruga que se arrastra
y da sentido al mundo, la crisálida
que encubre la verdad a nuestros ojos.

XII

Mis palabras emulan el nacer de los pulgones. Los pulgones son animales transparentes, una pequeña gota convertida en insecto, en plaga, en amuleto de la noche. ¿Cómo no darle voz a lo que ya era lluvia, a lo que asola el tallo y las cosechas? El pulgón conoce la partenogénesis: el parto que atraviesa las generaciones, una luz espectral que espejea los seres y que no requiere del reflejo de un cuerpo en sus asimetrías. ¿No es acaso este el modo de nacer de la escritura? De una soledad surge la página, aúllan las palabras, el salitre del verso oxida lo indecible. Pero el poema siempre deja márgenes de insectos, irracionalidades como artrópodos. Dado que los huevos comienzan a desarrollarse inmediatamente después de la ovulación, una hembra adulta puede albergar ninfas hembras que, a su vez, ya están desarrollando embriones partenogenéticos (es decir, que tales ninfas nacen embarazadas con la generación siguiente). Este fenómeno permite que los áfidos se reproduzcan a gran velocidad. Exactamente igual que mi silencio. Exactamente igual que los poemas. Cada palabra escrita acapara una lluvia silenciosa, una lluvia que crece en las regiones blancas del lenguaje. Generaciones telescópicas: un pulgón es un pulgón es un pulgón es un poema es un poema es un silencio. Dentro de la palabra hay otros mil silencios. Parto siniestro de las oquedades. Generación en sombra de lo incierto.

XIII

Los amblipigios (del griego *amblys*, «frágil» o «débil», y *pygé*, «ancas» o «patas») constituyen un orden de arácnidos compuesto por unas 136 especies, típicamente tropicales, de América, África y Asia, y con dos especies (*Charinus ionnaticus* y *Sarax mediterraneus*) en Grecia (islas de Rodas y Kos). Los amblipigidos o amblipigios tienden a reproducirse de inmediato, buscan zonas oscuras y húmedas, y sin embargo yo no recuerdo haber nacido en este cuerpo, pero sí formar parte de las hojas del loto y del lado nocturno de la piedra. Qué podría decir de la desconfianza en los hilillos frescos que segrega la araña, de todos los pájaros ardiendo que mueren en el iris de mis ojos, del frío arrobamiento que destila la oscuridad temprana de los líquenes. Ah el milagro de las enredaderas y galaxias de moscas y polillas que devanan el ser en sus trayectos. Ah el desovillarse del gusano en su circunferencia casi cósmica. La hembra de los amblipigios transporta la puesta (hasta 60 huevos) en la parte ventral del opistosoma. Cuando nacen las crías, trepan al dorso del opistosoma y son transportadas por la madre hasta la primera muda, cuando se dispersan y hacen vida independiente, una vida que quizá también sea un ruido de pezuñas o roer de raíces, una vida que se diluye en 17 pastillas de saxitoxina y que no podrá decidir finalmente el tono de la flor de buganvilla. Los amblipigios son lucífugos y nocturnos, y se refugian durante el día en la maleza, en oquedades de las rocas o bajo la corteza de los árboles, exactamente igual que mi deseo. Por la noche deambulan en busca de presas (cucarachas, ortópteros, termitas), tanteando continuamente el entorno con sus patas sensoriales; una vez localizada, la capturan con los pedipalpos y la perforan con los quelíceros, succionando sus fluidos corporales. Muchas veces viven en cuevas o en una esquina de tu pulmón izquierdo, en donde el cáncer decidió tomar la forma reticular de un ala de libélula, pero otras veces la realidad toda puede desmoronarse por la presencia de un arácnido o de una enfermedad incurable, la dimensión metafísica del ser puede poblarse de ortigas y acederas venenosas, como si algún tejido secreto y legendario uniera la estirpe de los artrópodos con las fatalidades de la muerte.

Fuente: Wikipedia.

XIV

Quizás el tiempo, en su extensión imperturbable, sea tan solo una bestia moribunda e invisible, un cuerpo calcinado por la noche que lentamente consumimos, que acechamos sin tregua, que ignoramos si habrá dejado de existir mientras jugamos con sus vísceras. Somos acaso sus parásitos, piensas, sus colonias de insectos, una tiña que irrumpe entre sus lentitudes mitológicas. Somos el moho de la velocidad, la llaga. Solo eso. Imagina el vértigo en la punta de sus dedos. Imagina su tórax consumido por los sueños, las invocaciones, los deseos de una raza maldita. Imagina sus vegetaciones ulceradas por nuestras conquistas. Acaso el tiempo sea un sauce derrotado, un avispero hueco. La grieta, que es más temible que la nada. Qué dios dormido y devorado, piensas, mientras contamos su cadáver por segundos. El tiempo, bestia o dios —qué poco importa—, perforado por nuestros relojes.

XV

El suicida concluyó justo antes de morir que habría sido hermoso quedarse atrapado en el pensamiento líquido del zapatero, también llamados *chinches patinadoras* o *zancudos acuáticos*, un insecto generalmente áptero que aprovecha la tensión del agua para flotar sobre su superficie. Vivir solo un segundo eterno y decisivo, flotar en el espacio reducido del sueño del insecto, se decía, mientras su cráneo reventaba contra los adoquines. Habría sido fácil ser insecto y quedar apostado en el instante. Diluirse tal vez en mariposas, volar en la penumbra atraído por luces imprecisas, o disolver su cuerpo en la ternura rosácea de un anélido. Tal vez hacerse ácaro, convertirse en lombrices siderales, hallar el universo en el tono azulado de los tábanos. Vivir así, en los umbrales de la muerte, sobre su superficie indestructible, como los zapateros. Y nada más. Es todo. Morar en la inocencia de los ríos, en una sencillez que casi lo arrastrara, que tomara su cuerpo no más pesado que un cabello —un cuerpo, al fin y al cabo—, dibujando en el agua un firmamento efímero inmutable. Ser en los pensamientos de un insecto, condenado a una dulce eternidad.

XVI

Voy arrastrando cadáveres de insectos a mi paso. He vivido solo mucho tiempo. Mi sombra no encontró razón alguna por la que acompañarme, y sin embargo la lluvia ha concluido. Humedades sagradas al borde de la piedra me descubren los nombres secretos de los pájaros, lo terrible de un cuerpo, la agonía del número en los seres. No sé salir del cuerpo en el que vivo. Busqué la epifanía en materiales lentos como el alba enroscándose en los álamos. En el silencio tardo de los grillos. No la encontré, aunque por un instante pude describirla: pececillos de plata, ávidos comedores de papel, arrasaron con todos mis poemas —les doy gracias por ello—. Concluyó entonces la luz iniciadora. Aniquilé nuestro olivar secreto. Hasta que al fin obtuve las indicaciones que marcaban las rutas invernales, y así pude llegar a la revelación de lo espontáneo, lo ausente que se torna verdadero.

Como premio al hallazgo, mi pensamiento fagocitó
pacientemente
a las procesionarias.

XVII

Los insectos han llagado la superficie de la realidad. Moscas, escarabajos, saltamontes o insectos palo se corresponden con terribles ulceraciones en el sentido de las cosas. Es como si quisieran agujerear el espacio intacto que recorre la luz. Oquedades espesas, masticaciones del vacío: las taxidermias de insectos transparentes ejercen la función de cicatrices. Dar un nombre al insecto para evitar que el mundo se desgaje. Establecer las divisiones y los cauces por donde transcurren las plagas incendiadas de artrópodos con el fin de apelmazar este paisaje en una simetría avasalladora.

XVIII

Se habla de la claridad y del hallazgo luminoso de la tarde, pero no existe mayor descubrimiento que los enjambres de insectos que asaltaran la tráquea, los pulmones, que incendiaran la córnea de un ciervo aún extasiado en la revelación.

Los insectos como *criptofanía*: no resolver el código, el secreto, los enigmas calientes en la superficie escrita de los escarabajos. Asistir, sin más, a su milagro: a su torsión de significaciones. No hallar otro sentido que su nudo de signos, lo oculto sin mensaje, un mundo intraducible que solo puede hablarse en el idioma transparente de los élitros.

No hay un misterio en los insectos porque ellos beben del vino azul de las revelaciones.

XIX

Hemos llegado hasta los robles místicos.
La nieve hierve y las luciérnagas
arden en el conocimiento.
El saber era fuego, fiebres, abrasiones,
incandescencia de polillas ciegas
que entregaron sus vidas a las llamas.
¿Habrá un saber, me digo,
en la rama encendida? ¿Habré llegado al pulso
de la revelación ante estas ascuas?
Mi pensamiento arde y no hay cenizas.
Mi pensamiento son libélulas en llamas,
los árboles ardidos que evitan las termitas
en su camino a la desolación.
Una verdad murmuro,
una certeza alzándose entre antorchas,
conocimiento que tan solo existe
el instante en que arde
antes de que el rescoldo se haga verbo.

EXUVIA
AGUIJÓN

CRIPTOFANÍA

De niño creía hablar con los insectos.
Imaginaba que las orugas y los saltamontes reconocían mi voz, aprendían mis palabras, y yo deletreaba los nombres de las cosas para ellos.
Les decía: *sílex*, *vertedero*, *árbol de morera*, *casas bajas.*
¿Qué mejor contraseña que el asombro,
qué mayor sencillez improvisada
que el legado de mi perplejidad?
Entonces podíamos ser felices rodeados de hierba y de cascotes.

Hoy escribo para que mis palabras se conviertan en insectos. Para que cobren vida, para que extiendan su dominio en los secretos cósmicos del ábside. El poema es una extraña forma de crisálida.
Escribir para parasitar el mundo de palabras. Que el verbo escarbe en la totalidad, que agujeree el todo con sus mandíbulas calientes.
Las palabras como saltamontes, pulgones, abejorros. Las palabras conquistan el espacio con un furor entomológico. Vacíos como artrópodos que consumieran la tiniebla.

Ojalá una disolución de insectos y lenguaje. ¿Podría imaginarlo?

Que acceder al secreto oscuro de la higuera fuera también hablar los signos de la plaga, el gesto impío de lombrices y arácnidos, la sintaxis acuosa de las larvas y otras formas fugaces de hexápodos y octópodos.

No habría más certeza que la taxonomía de los ácaros. No más idioma que conjugar artrópodos y otras bestias invisibles que moran del lado oculto del espejo.

Los artrópodos constituyen el filo más numeroso y diverso del reino animal (Animalia). El grupo incluye animales invertebrados dotados de un esqueleto externo y apéndices articulados; los insectos, arácnidos, crustáceos y miriápodos, entre otros, con más de 1.300.000 especies descritas, en su mayoría insectos (alrededor de un millón de especies), que representan al menos el 80 % de todas las especies animales conocidas.

Imagínalo: poder decir el mundo con insectos. ¿Qué realidad se abriría ante sus élitros? ¿Qué desembocadura del sentido?

Poder decir las cosas en la leche pastosa de las ninfas. Construir una sintaxis en el corazón vertiginoso de las plagas y enjambres.

Un mundo sin las bifurcaciones del lenguaje (la palabra me ofrece en una mano los objetos, en la otra sus sombras).

El mirlo es pájaro y es noche. La raíz es despliegue y es arena. Hay una genealogía del sentido que desemboca en las vaguadas de la inexistencia.

Decir el mundo era condenar una mitad del álamo a su sombra. Una mitad del ciervo a su estampida. Una mitad de los aromas del espliego a sus exilios.

Cuando se nombra el agua, el agua deja ríos de tiniebla.
¿Cómo sería articular un lenguaje con insectos?

Criptofanía: la aparición de lo escondido.
Criptofanía: no la verdad que se revela, sino el misterio que acontece.
Decir, y que aparezca el mundo no como verdad, sino como ramaje, anudamiento, revolución del pliegue y la semilla.
La palabra nos deja las vísceras del mundo, su putrefacto hedor. Nombrar el mundo era como limpiar entrañas de pescado, desovar cucarachas, apretar la exuvia de las liendres.
Con el insecto el mundo es material: no hay símbolos que arruinen el vuelo de los pájaros con la maleza seca de su sombra.

Revelaciones cósmicas del quiebro de la oruga que se arquea y dibuja nebulosas.
Epifanías míticas en el escarabajo y su vuelo destructor.
Mística del insecto hoja que nos descubre el modo de habitar,
de la polilla que quiere ser corteza,
de la hormiga o la abeja que adoptan el grosor de un cuerpo indestructible:

el mundo se contempla a sí mismo en los artrópodos.

Imagino el poema como un insecto indescifrable. Sus versos, extendiéndose en todas direcciones, parecieran las alas, patas o tricomas de una especie inventada. El dolor de todo poema es también una forma de expansión del lenguaje. En su sangre verdosa (por la ingestión de clorofila) el poema-insecto contendría las galaxias de la significación. En su música vegetal el poema-insecto encontraría los secretos del cosmos reflejados en los ojos de las moscas. Arder en las significaciones. Arder en la entomología que descubre alianzas y pliegues y raíces.

El poema construiría un ruido, el ruido de todo aquello que no tiene sentido, pero que nos desvela la arquitectura indomeñable de las cosas.
Ya no pensar el ser, la metafísica, la ontología,
ni tampoco las familias o taxones que determinan el orden genealógico de los insectos.
Los insectos como aparición, revelación, manifestación del mundo en sus secretos.

Un error de software, error *o simplemente* fallo *(también conocido por el término inglés,* bug*) es un problema en un programa de computadora o sistema de software que desencadena un resultado indeseado. Los programas que ayudan a la detección y eliminación de errores de software son denominados depuradores (en inglés:* debuggers*).*

Me pregunto si los insectos son el fallo de programación del universo.
Si algún dios no supo deshacerse de ellos, si su existencia se infiltró en las cosas, atajó el funcionamiento correcto, la teodicea maquínica, y desde entonces la realidad hace aguas a través de estos minúsculos artrópodos;

si, de algún modo, el insecto es un error en la realidad, el
hackeo definitivo, el modo de romper con el lenguaje y
su alianza con las cosas,
y si aún estamos a tiempo,
si aún es pronto para entender la clave de las cosas, un
lenguaje cifrado de galaxias, del universo todo,
no mediante el desencriptado, la traducción, las estrategias
hermenéuticas de palabras gélidas como pájaros errantes,
sino mediante un cuerpo. Habitar el sentido para desen-
trañarlo.
Desentrañarlo: *entrar en sus entrañas.*
Los insectos como extensiones de mi cuerpo, como avanzadas
de mis manos, mis ojos, mis sentidos,
caparazones o exoesqueletos de mi espera,
los insectos como los rastreadores del tejido de Dios, del
brutal infinito inexpugnable,
los insectos como invasores en las entrañas de la realidad,

los insectos, en fin, como el definitivo
aguijón del poema
con el que inocular este veneno.

ÍNDICE

PRELUDIO
ANTENAS

SECCIÓN I
CABEZA

INTERLUDIO I
ALAS ANTERIORES

SECCIÓN II
TÓRAX

INTERLUDIO II
ALAS POSTERIORES

SECCIÓN III
ABDOMEN

EXUVIA
AGUIJÓN

Esta primera edición de *Insectario* se acabó
de imprimir en Madrid el 5 de enero de 2025,
nonagésimo aniversario del fallecimiento
de D. Ramón María del Valle-Inclán,
en Santiago de Compostela.